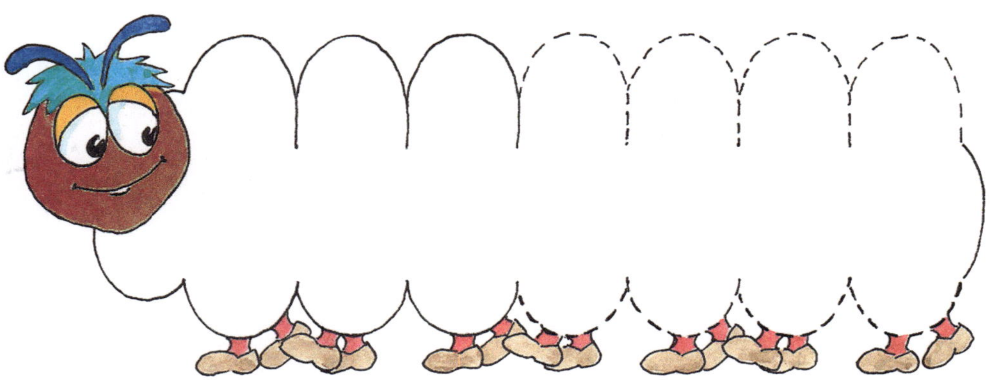

T

T

I J

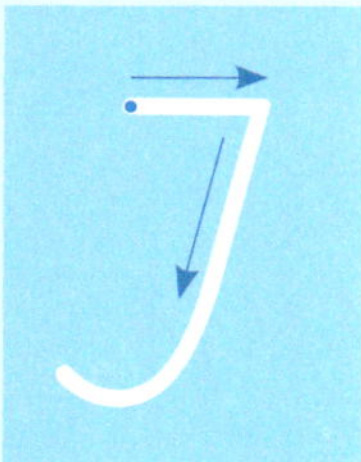

J oder T

i *i*

J oder *i* ?

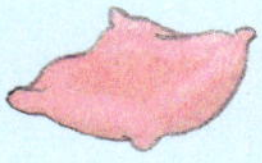

M
M

M

M M M

M M

M M

Mi Mi

T M T M

T M

i T

I i

M J

m m m

m · · · · · · · · · · m

im im

Tim Tim

Mimi Mimi

Tim oder Mimi ?

__________ liest. __________ frisst.

__________ malt. __________ miaut.

__________ liebt Mäuse.

N

N

N *N* *N*

N *N*

Ni *Ni*

Ni Ti *Ni Ti*

Ni Mi *Ni Mi*

Ni, Ti oder *Mi*

2 − 1 =

n n n n n n

n

n n n

n n

in in

im im

Tini Tini

Mimi • Tim • ~~Mimi~~ • Tim • in • im • in • im

Mimi ist ______ Kino.

______ ist ______ der Scheune.

______ ist ______ der Schule.

______ ist ______ Korb.

U
u

u u u

u u

u u

u ü u ü

u M u M

Geheimschrift

N_i_na u__d __na ler__en die __hr.
1 2 3 4 5

Ma__a h__lft. Es __st neu__ __hr.
6 7 8 9 10

1 i
2
3
4
5
6
7
8
9
10

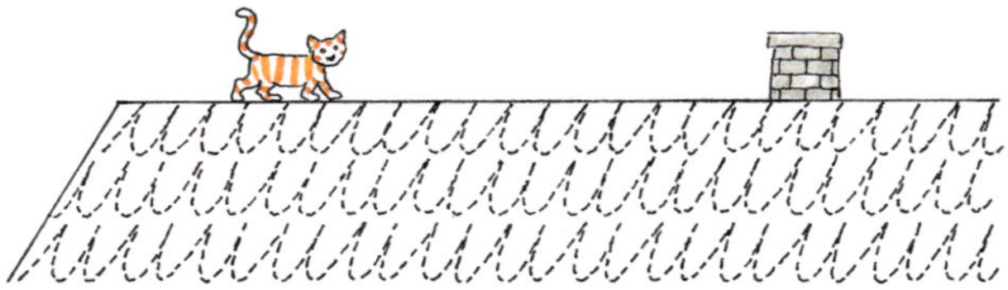

u
u

u u
u

u . . . . u

u ü u ü

um um

nun nun

~~Tim~~ • Tim • Mimi • Mimi
• in • um • im

Tim und ________ toben ________ Haus.

________ rennt ________ den Herd.

________ hopst ________ das Bett.

a

a

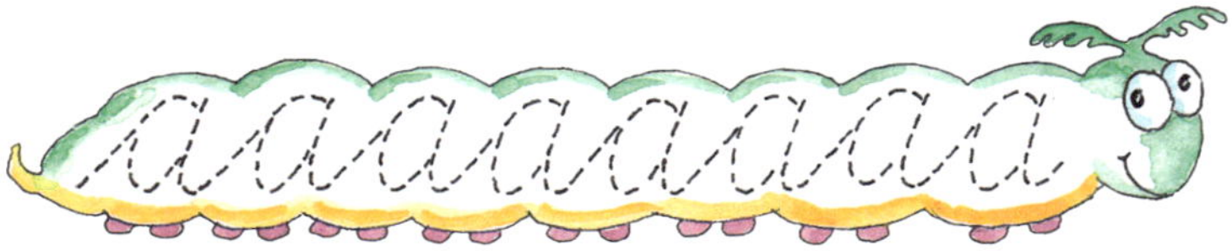

a

a

a *a*

am *am*

Mia *Mia*

Mama *Mama*

im • *am* • *in* • *um*

am

d
d

d

d
d

d . . . . *d*

da *da*

und *und*

dann *dann*

Wer ist das?

Das sind *Mimi und* .

Das sind .

Das sind .

T	J	i	M	m	N	n	U	u	a	d

Findest du 12 Wörter?

→

G	F	N	i	n	a
R	M	a	n	n	S
S	P	J	n	a	k
M	a	i	p	P	w
X	R	Z	T	a	u
B	T	i	m	C	H

↓

R	d	M	i	M	W
i	u	a	R	i	M
d	n	m	M	m	i
ü	d	a	u	i	a
n	e	R	n	L	K
n	L	b	d	P	L

Nina,

 T i m

N i n a 

 M u n d

M a n n 

Tim

e e e

ein ein

nein nein

mein mein

ein oder eine

eine Rose 

Haus 

Bett 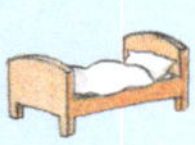

Hupe 

mein oder meine

Affe 

Ball 

Uhr 

Auto 

l

l

l

l l

l

l

Nele *Nele*

alle *alle*

malen *malen*

1	2	3	4	5	6	7	8	9	10
T	M	N	a	n	d	e	l	u	i

N i n a
3 10 5 4 *Nina*

3 4 6 7 8

1 4 5 5 7

3 9 6 7 8

2 9 5 6

1 9 5 5 7 8

e l

~~eine Tasse~~ • einen Tunnel • Mimi • einen Mann • einen Mund

Nele und Tim malen eine Tasse .

Ina und

P P

P

P P

P

P P

Puma Puma

Panne Panne

Plan Plan

Schreibe in Schreibschrift.

Paula

Plane

Panda

Pudel

Pulli

Palme

Plan

Panne

R
R

R

R R R
R

R R

Reim Reim

Raum Raum

Rand Rand

P oder R

___alme • ___lan • ___unde • ___inde • ___aul • ___eime • ___anne • ___aum

Mo

eine Palme,

K

K

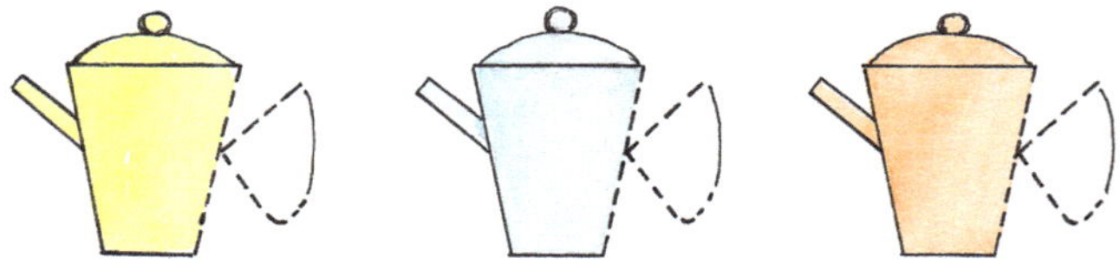

K

K K
K

K *K*

Kind *Kind*

Kamel *Kamel*

Klee *Klee*

Ka	*Kel*	*Kli*
le	*mel*	*ma*

Kan	*Ka*	*Kun*
nu	*de*	*ne*

ein Kamel,

P	R	K

Was passt?

Kamel ~~Palme~~

im Klee

Nina und Ina malen

ein Kamel im Klee.

Nudel Kind

im Kleid

Uli und Tim malen

Mann Kamm

im Kanu

Pudel Panne

im Klee

Oma Oma

Ole Ole

Öl Öl

J • O • R • M

___ Ina Ina

___ le

___ and

___ und

___ ann

___ aum

___ ma

___ ndien

___ mi

___ imi

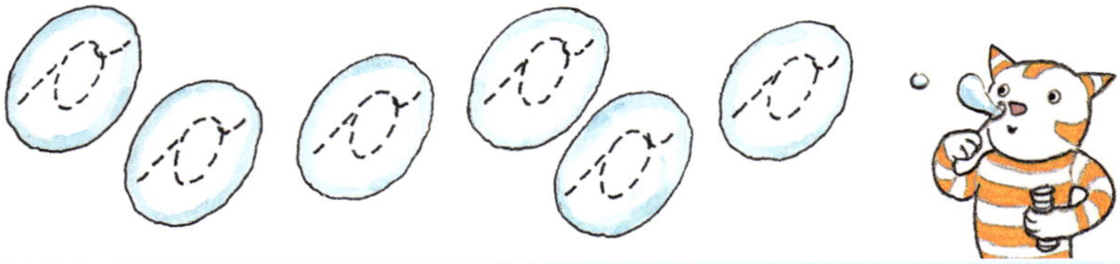

O
o

o o
o

o o

Ton Ton

Rolle Rolle

Romi Romi

Kin ___

Hier fehlt das o.

Mel ___ die

Tim ___

R ___ mi

R ___ lle

Din ___

M ___ nd

Mel ___ ne

M ___ na

T ___ ni

M ___ m ___

D

D

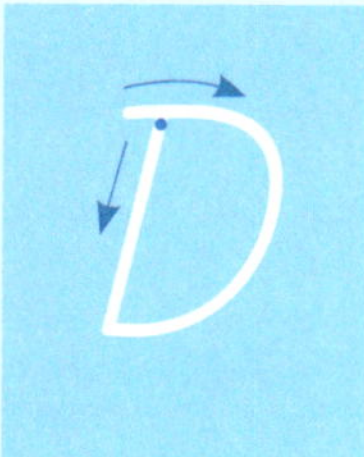

D D

D

D D

Do Do

Dame Dame

Dino Dino

Domino • Dame • Dom • Dino • Düne • ~~Delle~~
• Daumen • Dach

Delle

B
B

B

B B
B

B B

Ball Ball

Biene Biene

Blume Blume

am Ball

am Baum

am Bild

Die Biene ist am Ball.

ist

ist

O	o	D	B

Finde 9 Reime!

~~Baum~~	Band	Name
Klee	Tau	Beil
Teil	~~Raum~~	Dom
Tanne	Rom	Dame
Bau	Rand	Pudel
Nudel	Panne	Tee

Baum

Raum

Setze ein.

Tim und Ina • einem Ball • ein Tor • Bäumen • Tim am Boden • Knie • Ina • eine Binde um • Bein • Dann • Mama

__________ spielen mit

__________.

Sie schießen auf __________ aus zwei

__________.

Plötzlich liegt __________.

Sein __________ tut ihm weh.

__________ wickelt __________

__________ sein __________.

__________ holt sie __________.

S
S

S S
S

S S

See See

Sand Sand

Sonne Sonne

Seil

Seil

Selina

See

Sieb

Sand

Samen

s

s s

s

s s

sie sie

das das

soll soll

Uli und Oma sind im Sand.
Sie malen Namen.
Uli soll es lesen:
...

f

f

f f f

f . . . . f

auf *auf*

faul *faul*

fünf *fünf*

Tilo und Mia
Selina und ___
___ und Tim

laufen

im Sand.
auf dem Seil.
im Moos.

h
h

h h
h

h h

hin hin

holen holen

fehlen fehlen

Mia und Nele ...

Tilo und Nina ...

Oma und Opa ...

Mia und Nele helfen Oma.

k

k

k

k k

k

k k

klein klein

kann kann

kaufen kaufen

Reime.

~~*kaufen*~~
klein
knallen
denken
~~*laufen*~~
lenken
fein
fallen

kaufen – *l*

–

–

–

b

𝒷

b b

b

b b

bis bis

bei bei

haben haben

Was gehört zusammen?

Bad – baden

t

t

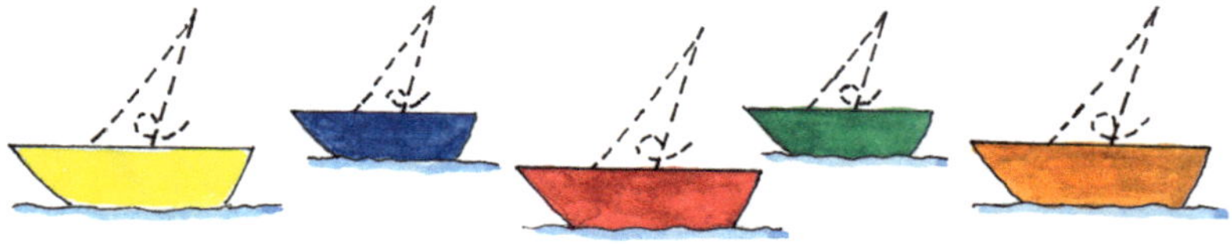

t t

toll toll

ist ist

toben toben

alle

sie

teilen — alle teilen — sie teilt

bauen

kaufen

kleben

toben

r
r

r r r
r

r r

er er

rufen rufen

rennen rennen

Selina hat ein Pferd.
Sie ruft: „Brrr, Taro!"
Selina kann toll reiten. Sie streichelt Taro oft.

p

p

p

Opa

Papa

Puppe

Puppe • Papa • Papier • Treppe • Kopf • Suppe • Pappe • Topf

Wörter mit pp

die Puppe

Wörter mit p

k	b	t	r	p

Mia hat eine tolle Puppe. Ihr Name ist Moni.
Mia spielt mit Moni auf der Treppe.
Moni ruft laut: „Mami, hilf mir bitte."
Mia hält Moni fest.

C C

C

C C C
C

C C

Chor Chor

Cent Cent

Creme Creme

Die CD kostet 799 Cent.

c c ck
c ch

c c

ich ich

auch auch

Rock Rock

Kuchen • reich • fluchen • hacken • Nacken • Deich • suchen • Teich • packen

... uch ... ... eich ... ack ...

C c ch ck sch

Uli möchte heute mit Mama
in der Küche Kuchen backen.
Sie brauchen Mehl und Butter.
Uli soll mal kosten.
„Nicht kleckern!", ruft Mama.
„Das ist lecker!", ruft Uli.
„Kann ich noch einmal lecken?"

Wörter mit ch

möchte

Wörter mit ck

Schreibe eine Geschichte zum Bild.

Hilfswörter:

backen • brauchen • kleben • lachen • Papa • Küche • Kuchen • Milch • Mehl • kleckern

E

E

Esel Esel

Ente Ente

Eule Eule

Findest du die 6 richtigen Tiere?

der Krokofant • das Eledil • das Eipferd

die Nildechse • das Eishorn • der Nasbär

das Krokodil, der Ele

F

F

I T F

F

F F

Fluss Fluss

Foto Foto

Feld Feld

das Feld

der Fluss

die Frau

der Feind

die Flut

der Freund

die Fibel

der Fuchs

das Fieber

das Fahrrad

die Freude

H

H

H

H

Helm *Helm*

Haus *Haus*

Hut *Hut*

Ho

Hil

Hu

Hal

__ *fe* *die*

__ *se*

__ *le*

__ *pe*

A
A

A

A

Auto Auto

Arm Arm

Affe Affe

Auto • Adler • Ameise • Arm • Affe • Apfel • Ampel • Ast

der Apfel

G g

G

G G
G

G G

Garten Garten

Gans Gans

Glück Glück

Finde Reime mit G und K.

die Karten

der Garten

das Kabel

die Gasse

die Grippe

g

c g

g

g . . . . g

gut gut

gelb gelb

glatt glatt

gleich gleich

Hier fehlt was.

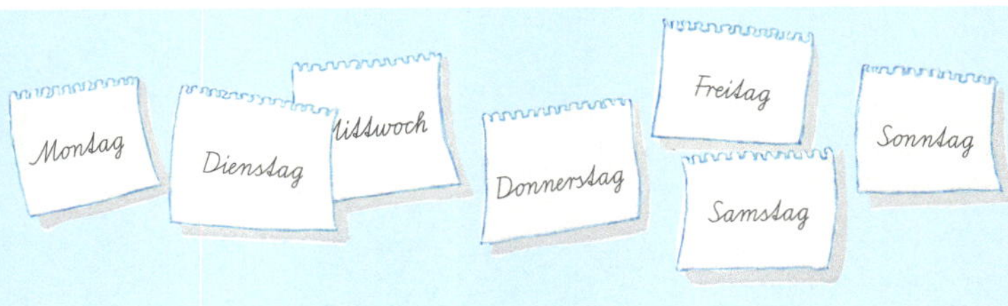

Diens Dienstag

Donners

Mon

Frei

Sams

Sonn

E	F	H	A	G	g

g oder k

Willst du Fehler vermeiden
– lass die Mehrzahl entscheiden!

~~die Berge~~ • die Tage • die Burgen • die Schränke • die Bänke • die Ringe • die Siege • die Geschenke • die Getränke

Mehrzahl	Einzahl
die Berge	der Berg

Schreibe deinen Stundenplan.

Montag • Dienstag • Donnerstag • Freitag
Mathe • Deutsch • Sport • Kunst • Musik • Englisch
• Religion • Sachkunde

		Mittwoch		

J J

J

J J J

J J

Jacke Jacke

Jahr Jahr

Juni Juni

Bilde drei Sätze.

Der Junge	schmeckt	mir gut.
Der Jogurt	trägt	die Sonne.
Im Juli	scheint	eine Jacke.

Der Junge

J j

j

j j
j

j j

ja ja

jede jede

jung jung

Katja Katja

In diesen Namen fehlt das J oder j.

___ asmin • Kat ___ a • ___ ulia • Tan ___ a • ___ ohannes • Ma ___ a

L
L

L L
L

L L

Luft Luft

Lied Lied

Löffel Löffel

Lampe Lampe

Reime.

 die Laus

 die

 der Reiter

J j L

Sortiere.

~~die Liebe~~ • die Lupe • die Lücke • die Luft • die Leiter • die Laus • die Lampe • die Laune • der Lärm • die Leine • das Loch • die Lüge • der Löffel • die Lose • das Lasso

alles, was ich anfassen kann	alles, was ich nicht anfassen kann
	die Liebe

ß

ß

ß

ß ß

ß

groß

heiß

süß

alles mit ß

der Gru ___

der Fu ___

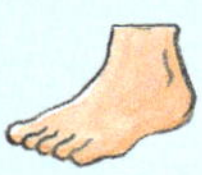

der Ru ___

alles mit ss

die Nu ___

der Schu ___

der Ku ___

Ist es groß, heiß oder süß?

groß, groß

heiß,

süß,

Das Eis ist ...

Finde selbst Beispiele.

V

V V
V

V V

Vater Vater

Vogel Vogel

Verkehr Verkehr

Ver — steck / kehr

Vor — fahrt / garten

Voll — milch / mond

das

v

v v
v

v v

von von
viel viel
vor vor

viel oder viele

Glück • Stunden • Vögel • Spaß • Grüße • Erfolg • Küsse • Sonne

viel	viele
viel Glück	

W
w

w

w w w
w

w w

Wald Wald

Wiese Wiese

Weg Weg

Zauberei

die Weste

die Wespe

die Wolke

die Wette

der Wind

die Wanne

w

v u w

w

w w

wir wir

wenn wenn

wieder wieder

warum warum

Wo ○ ○ heißt du?
Wann ○ ○ wohnst du?
Wie ○ ○ stehst du auf?

Wo wohnst

Z z

Z

Z Z

Z

Z Z

Zahl Zahl

Ziel Ziel

Zeit Zeit

Zug Zug

Wo ist Lina?

Lina ist im Zoo.

Z
z

Z Z

z

z z

zu zu

zwei zwei

zum zum

neunzehn • achtzehn • sechzehn • siebzehn • zwanzig • vierzehn • fünfzehn • ~~dreizehn~~

13 dreizehn

14

15

16

17

18

19

20

Y y

y y y

y y

Yak Yak

Yeti Yeti

Yacht Yacht

Ypsilon Ypsilon

Was ist was?

Yeti

Yacht

Yak

Das ist ein

y

v y

y

y y

Pony Pony

Teddy Teddy

Baby Baby

Handy Handy

Wer wünscht sich was?

Uli wünscht sich

X x

x

x

x x

Xaver Xaver

Xylofon

Xylofon

Yvonne und Xaver spielen auf dem Xylofon ein kleines Lied.

Yvonne

X x

x x

x x

Max Max

Text Text

Taxi Taxi

Hexe Hexe

Die Hexe	boxt	im Wald.
Der Mixer	hext	im Ring.
Der Boxer	mixt	den Teig.

Die Hexe

Qu

Qu

Qu

Qu

Qu

Qu *Qu*

Quark *Quark*

Quelle *Quelle*

Qualm *Qualm*

Qu a t sch  Quatsch *der Quatsch*

Qu a l le 

Qu r a k 

Qu i r l 

Qu e l le 

qu

qu

qu

qu

qu

qu *qu*

quer *quer*

bequem *bequem*

Finde die richtigen Paare.

Qualm	quellen
Quatsch	quälen
Qual	qualmen
Quelle	quatschen

der Qualm – *qualmen*

–

–

–

V v W w Z z Y y X x Qu qu

Geheimbotschaft

Löse zuerst das Rätsel und schreibe dann in Schreibschrift ab!

L_ _b_r S_sch_,
3 2 2 1 1

k_mm _m M_ttw_ch _m
4 1 3 4 5

v_ _r z_m kl_ _n_n W_ld.
3 2 5 2 3 2 1

H_nt_r d_r _lt_n Eich_
3 2 2 1 2 2

_st _ _n V_rst_ck.
3 2 3 2 2

D_rt _rw_rt_ _ch d_ch.
4 2 1 2 3 3

a = 1
e = 2
i = 3
o = 4
u = 5

Schreibe selbst eine Geheimbotschaft!

Sch, St oder Sp?

	Einzahl		Mehrzahl
	der Strand	–	die Strände
	der __ iegel	–	die
	das __ wein	–	
	der __ iefel	–	
	die __ inne	–	
	das __ iff	–	
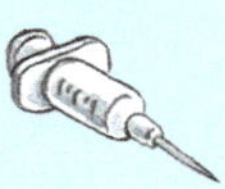	die __ ritze	–	
	die __ raße	–	
	der __ ern	–	
	der __ ein	–	

Teekesselchen

Suche die Bildpaare, die zu dem gleichen Wort passen.

1	13	die Bank – die Bank

Schreibe in Schönschrift ab.

Liebe Oma,
ich muss sehr über Mia lachen!
An ihrem Bein ist ein roter Streifen.
Mia weint immer wieder: „Ich blute."
Mama tröstet.
Es ist aber nur ein kleiner, roter Fussel!

Viele Grüße
Deine Nina